A Rebeca y Ruth,
y también para Nuria,

de Teo Puebla

© Herederos de Pablo Neruda
© Susaeta Ediciones, S.A.
C/ Campezo, s/n – 28022 Madrid
Tel.: 913 009 100
Fax: 913 009 118

Diseño de cubierta: Teo Puebla
Ilustraciones: Teo Puebla
Selección y prólogo: José Morán

Impreso en España

PABLO NERUDA

para niños

Ilustraciones: Teo Puebla

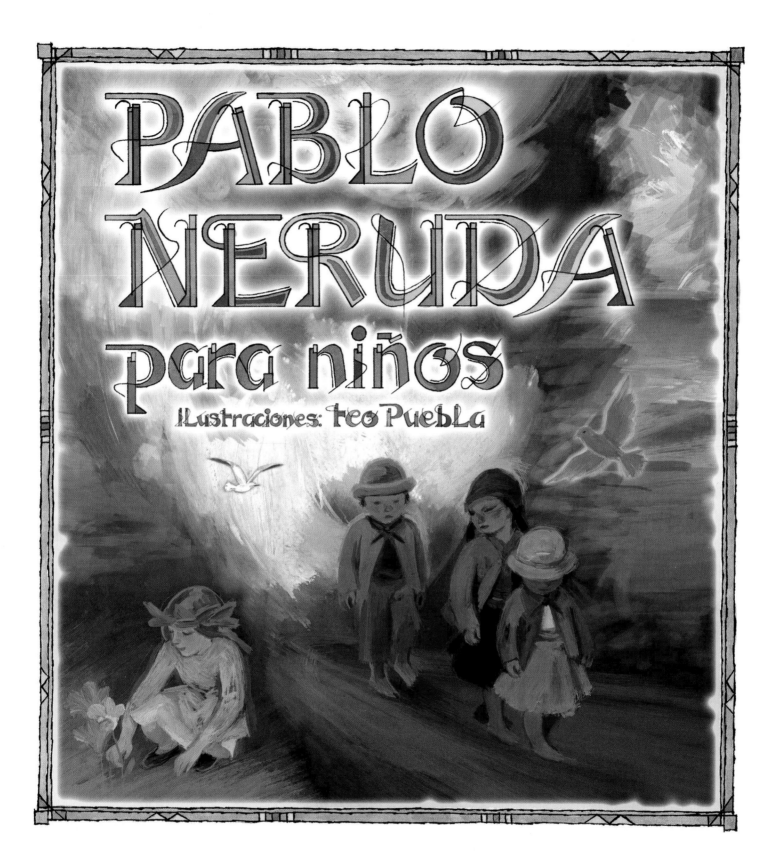

susaeta

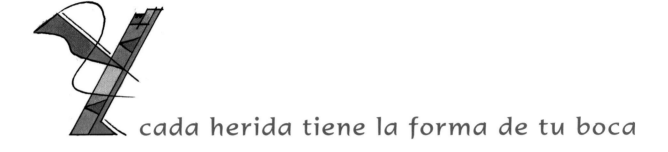

Y cada herida tiene la forma de tu boca

Neftalí Reyes (Chile, 1904-1973), conocido como Pablo Neruda, acaso la voz poética más importante del siglo xx, perdió a su madre en el momento del parto. Quizá por eso llevó una vida errabunda, de búsqueda, especialmente en su juventud, y se sintió siempre muy unido a la Madre Tierra, a la Materia, y necesitado del amor de la Mujer, —llámese Terusa, Rosaura, Jossie, Antonieta, Delia, Matilde—, Mujer que era para él como la esencia de la naturaleza, y que le inspiró inmortales versos románticos, presentes en todas las antologías de poemas de amor, un amor que el poeta entendía como el terremoto que le salvaba de los demás terremotos.

Pablo Neruda, con distintos cargos diplomáticos, viajó y viajó. Recorrió Birmania, Ceilán y Java, Argentina, España y Europa, México, India, Rusia... El paso por España —en donde trató a García Lorca, Alberti, Aleixandre, Miguel Hernández y otros importantes poetas— cambió radicalmente su vida y su poesía. En efecto, su residencia en Madrid durante la Guerra Civil supuso para él una conmoción brutal que despertó su conciencia política a través del comunismo, bandera que ya no abandonó hasta su muerte. Neruda llevó una vida comprometida e intensa. Fue cónsul, senador, luego desaforado y perseguido, tuvo que vivir clandestinamente entre el pueblo y luego huir al exilio, que duró cuatro años; tiempo después, tras la victoria socialista en Chile, estuvo como embajador en París, y allí enfermó. Regresó a morir a su patria, donde falleció muy poco después del dramático golpe de estado militar que derrocó a su amigo Salvador Allende.

Pero el gran poeta chileno es mucho más que un poeta político, comprometido, o de denuncia. También nos ha dejado la sencillez optimista de las odas, esos homenajes llenos de amor a las cosas concretas —un tomate, la madera, una campana, el tren, un plato, el mar— en los que fija una mirada amable y esperanzada sobre la vida corriente de la gente corriente, sobre el pueblo, especialmente el pueblo latinoamericano y chileno, los habitantes de la América que tanto amó. Y además nos dejó inspiradísimos versos, primitivos, oscuros, dislocados, minerales, difíciles, no precisamente infantiles, que constituyen, quizá, lo mejor de su muy extensa y desigual producción que siempre escribió en primera persona.

El recorrido poético de este creador volcánico e inagotable bebe de las principales tendencias estéticas de vanguardia del tiempo que le tocó vivir. Modernismo, Surrealismo, Expresionismo, Poesía Matérica, Realista... En esta Antología, publicada en vísperas del centenario del poeta, hemos intentado seguir un itinerario fiel al sentido nerudiano de la poesía y la vida, profundizando en algunas de las palabras claves de su credo poético y humano: amor, materia, pueblo, cosas, memoria...

En 1971, cuando le fue concedido el premio Nobel de Literatura, pronunció unas célebres palabras que siguen siendo actuales y resumen también, tan bien, nuestro propósito:

Así la poesía no habrá cantado en vano

7

El Amor

Puedo escribir los versos más tristes esta noche

Puedo escribir los versos más tristes esta noche.

Escribir, por ejemplo: ¡La noche está estrellada,
y tiritan, azules, los astros, a lo lejos!

El viento de la noche gira en el cielo y canta.

Puedo escribir los versos más tristes esta noche.
Yo la quise, y a veces ella también me quiso.

En las noches como ésta la tuve entre mis brazos.
La besé tantas veces bajo el cielo infinito.

Ella me quiso, a veces yo también la quería.
Cómo no haber amado sus grandes ojos fijos.

Puedo escribir los versos más tristes esta noche.
Pensar que no la tengo. Sentir que la he perdido.

Oír la noche inmensa, más inmensa sin ella.
Y el verso cae al alma como al pasto el rocío.

Qué importa que mi amor no pudiera guardarla.
La noche está estrellada y ella no está conmigo.

Eso es todo. A lo lejos alguien canta. A lo lejos.
Mi alma no se contenta con haberla perdido.

Como para acercarla mi mirada la busca.
Mi corazón la busca, y ella no está conmigo.

La misma noche que hace blanquear los mismos árboles.
Nosotros, los de entonces, ya no somos los mismos.

Ya no la quiero, es cierto, pero cuánto la quise.
Mi voz buscaba el viento para tocar su oído.

De otro. Será de otro. Como antes de mis besos.
Su voz, su cuerpo claro. Sus ojos infinitos.

Ya no la quiero, es cierto, pero tal vez la quiero.
Es tan corto el amor, y es tan largo el olvido.

Porque en noches como ésta la tuve entre mis brazos,
mi alma no se contenta con haberla perdido.

Aunque éste sea el último dolor que ella me causa,
y éstos sean los últimos versos que yo le escribo.

Tu casa suena como un tren a mediodía

Tu casa suena como un tren a mediodía,
zumban las avispas, cantan las cacerolas,
la cascada enumera los hechos del rocío,
tu risa desarrolla su trino de palmera.

La luz azul del muro conversa con la piedra,
llega como un pastor silbando un telegrama
y entre las dos higueras de voz verde,
Homero sube con zapatos sigilosos.

Sólo aquí la ciudad no tiene voz ni llanto,
ni sin fin, ni sonatas, ni labios, ni bocina,
sino un discurso de cascada y de leones,

y tú que subes, cantas, corres, caminas, bajas,
plantas, coses, cocinas, clavas, escribes, vuelves
o te has ido y se sabe que comenzó el invierno.

Pequeña América

Cuando miro la forma
de América en el mapa,
amor, a ti te veo:
las alturas del cobre en tu cabeza,
tus pechos, trigo y nieve,
tu cintura delgada,
veloces ríos que palpitan, dulces
colinas y praderas
y en el frío del sur tus pies terminan
su geografía de oro duplicado.

Amor, cuando te toco
no sólo han recorrido
mis manos tu delicia,
sino ramas y tierra, frutas y agua,
la primavera que amo,
la luna del desierto, el pecho
de la paloma salvaje,
la suavidad de las piedras gastadas
por las aguas del mar o de los ríos
y la espesura roja
del matorral en donde
la sed y el hambre acechan.
Y así mi patria extensa me recibe,
pequeña América, en tu cuerpo.

Aún más, cuando te veo recostada
veo en tu piel, en tu color de avena,
la nacionalidad de mi cariño.
Porque desde tus hombros
el cortador de caña
de Cuba abrasadora
me mira, lleno de sudor oscuro,
y desde tu garganta
pescadores que tiemblan
en las húmedas casas de la orilla
me cantan su secreto.
Y así a lo largo de tu cuerpo,
pequeña América adorada,
las tierras y los pueblos
interrumpen mis besos
y tu belleza entonces
no sólo enciende el fuego
que arde sin consumirse entre nosotros,
sino que con tu amor me está llamando
y a través de tu vida
me está dando la vida que me falta
y al sabor de tu amor se agrega el barro,
el beso de la tierra que me aguarda.

Hemos perdido aun este crepúsculo

Hemos perdido aun este crepúsculo.
Nadie nos vio esta tarde con las manos unidas
mientras la noche azul caía sobre el mundo.

He visto desde mi ventana
la fiesta del poniente en los cerros lejanos.

A veces como una moneda
se encendía un pedazo de sol entre mis manos.

Yo te recordaba con el alma apretada
de esa tristeza que tú me conoces.

Entonces, dónde estabas?
Entre qué gentes?
Diciendo qué palabras?
Por qué se me vendrá todo el amor de golpe
cuando me siento triste, y te siento lejana?

Cayó el libro que siempre se toma en el crepúsculo,
y como un perro herido rodó a mis pies mi capa.

Siempre, siempre te alejas en las tardes
hacia donde el crepúsculo corre borrando estatuas.

Inclinado en las tardes tiro mis tristes redes

Inclinado en las tardes tiro mis tristes redes
a tus ojos oceánicos.

Allí se estira y arde en la más alta hoguera
mi soledad que da vueltas los brazos como un náufrago.

Hago rojas señales sobre tus ojos ausentes
que olean como el mar a la orilla de un faro.

Sólo guardas tinieblas, hembra distante y mía,
de tu mirada emerge a veces la costa del espanto.

Inclinado en las tardes echo mis tristes redes
a ese mar que sacude tus ojos oceánicos.

Los pájaros nocturnos picotean las primeras estrellas
que centellean como mi alma cuando te amo.

Galopa la noche en su yegua sombría
desparramando espigas azules sobre el campo.

Tu risa

Quítame el pan, si quieres,
quítame el aire, pero
no me quites tu risa.

No me quites la rosa,
la lanza que desgranas,
el agua que de pronto
estalla en tu alegría,
la repentina ola
de plata que te nace.

Mi lucha es dura y vuelvo
con los ojos cansados
a veces de haber visto
la tierra que no cambia,
pero al entrar tu risa
sube al cielo buscándome
y abre para mí todas
las puertas de la vida.

Amor mío, en la hora
más oscura desgrana
tu risa, y si de pronto
ves que mi sangre mancha
las piedras de la calle,
ríe, porque tu risa
será para mis manos
como una espada fresca.

Junto al mar en otoño,
tu risa debe alzar
su cascada de espuma,
y en primavera, amor,
quiero tu risa como
la flor que yo esperaba,
la flor azul, la rosa
de mi patria sonora.

Ríete de la noche,
del día, de la luna,
ríete de las calles
torcidas de la isla,
ríete de este torpe
muchacho que te quiere,
pero cuando yo abro
los ojos y los cierro,
cuando mis pasos van,
cuando vuelven mis pasos,
niégame el pan, el aire,
la luz, la primavera,
pero tu risa nunca
porque me moriría.

Las Preguntas

Preguntas

Dónde dejó la luna llena
su saco nocturno de harina?

Si se termina el amarillo
con qué vamos a hacer el pan?

Dime, la rosa está desnuda
o sólo tiene ese vestido?

Qué guardas bajo tu joroba?
dijo un camello a una tortuga.

Por qué se suicidan las hojas
cuando se sienten amarillas?

Por qué el sombrero de la noche
vuela con tantos agujeros?

Qué pasa con las golondrinas
que llegan tarde al colegio?

Qué cosa irrita a los volcanes
que escupen fuego, frío y furia?

De dónde viene el nubarrón
con sus sacos negros de llanto?

Qué sigue pagando el Otoño
con tanto dinero amarillo?

Y a quién le sonríe el arroz
con infinitos dientes blancos?

51

Por qué otra vez la Primavera
ofrece sus vestidos verdes?

Por qué ríe la agricultura
del llanto pálido del cielo?

De qué ríe la sandía
cuando la están asesinando?

Cómo se llama una flor
que vuela de pájaro en pájaro?

Por qué para esperar la nieve
se ha desvestido la arboleda?

Qué distancia en metros redondos
hay entre el sol y las naranjas?

Quién despierta al sol cuando duerme
sobre su cama abrasadora?

Por qué siempre se hacen en Londres
los congresos de los paraguas?

No sientes también el peligro
en la carcajada del mar?

Quién era aquella que te amó
en el sueño, cuando dormías?

Dónde van las cosas del sueño?
Se van al sueño de los otros?

No te engañó la Primavera
con besos que no florecieron?

No se ha incendiado la pradera
con las luciérnagas salvajes?

Por qué me preguntan las olas
lo mismo que yo les pregunto?

No se cansan de repetir
su declaración a la arena?

Debo escoger esta mañana
entre el mar desnudo y el cielo?

Cómo se acuerda con los pájaros
la traducción de sus idiomas?

Echan humo, fuego y vapor
las *o* de las locomotoras?

Hay dos colmillos más agudos
que las sílabas de *chacal*?

Cuándo lee la mariposa
lo que vuela escrito en sus alas?

Si todos los ríos son dulces
de dónde saca sal el mar?

Cómo saben las estaciones
que deben cambiar de camisa?

La materia

Oda al mar

(fragmento)

Aquí en la isla
el mar
y cuánto mar
se sale de sí mismo
a cada rato,
dice que sí, que no,
que no, que no, que no,
dice que sí, en azul,
en espuma, en galope,
dice que no, que no.

Oh mar, así te llamas,
oh camarada océano,
no pierdas tiempo y agua,
no te sacudas tanto,
ayúdanos,
somos los pequeñitos
pescadores,
los hombres de la orilla,
tenemos frío y hambre,
eres nuestro enemigo,
no golpees tan fuerte,
no grites de ese modo,
abre tu caja verde
y déjanos a todos
en las manos
tu regalo de plata:
el pez de cada día.

Oda a la tierra

Yo no la tierra pródiga
canto,
la desbordada
madre de las raíces,
la despilfarradora,
espesa de racimos y de pájaros,
lodos y manantiales,
patria de los caimanes,
sultana de anchos senos
y diadema erizada,

no al origen
del tigre en el follaje
ni a la grávida tierra de labranza
con su semilla como
un minúsculo nido
que cantará mañana,
no, yo alabo
la tierra minera, la piedra andina,
la cicatriz severa
del desierto lunar, las espaciosas
arenas de salitre,
yo canto
el hierro,
la encrespada cabeza
del cobre y sus racimos
cuando emerge
envuelto en polvo y pólvora
recién desenterrado
de la geografía.

Oh tierra, madre dura,
allí escondiste
los metales profundos,
de allí los arañamos
y con fuego
el hombre,
Pedro,
Rodríguez, o Ramírez
los convirtió de nuevo
en luz original, en lava líquida,
y entonces
duro contigo, tierra,
colérico metal,
te hiciste por la fuerza
de las pequeñas manos de mi tío,
alambre o herradura,

nave o locomotora,
esqueleto de escuela,
velocidad de bala.
Árida tierra, mano
sin signos en la palma,
a ti te canto,
aquí no diste trinos
ni te nutrió la rosa
de la corriente que canta
seca, dura y cerrada,
puño enemigo, estrella
negra,
a ti te canto
porque el hombre
te hará parir, te llenará de frutos,
buscará tus ovarios,
derramará en tu copa secreta
los rayos especiales,
tierra de los desiertos,
línea pura,

a ti las escrituras de mi canto
porque pareces muerta
y te despierta
el ramalazo de la dinamita,
y un penacho de humo sangriento
anuncia el parto
y saltan los metales hacia el cielo.
Tierra, me gustas
en la arcilla y la arena,
te levanto y te formo,
como tú me formaste,
y ruedas de mis dedos
como yo desprendido
voy a volver a tu matriz extensa.

Tierra, de pronto
me parece tocarte
en todos tus contornos
de medalla porosa,
de jarra diminuta,
y en tu forma paseo
mis manos
hallando la cadera de la que amo,
los pequeños senos,
el viento como un grano
de suave y tibia avena
y a ti me abrazo, tierra,
junto a ti, duermo,
en tu cintura se atan mis brazos y mis labios,
duermo contigo y siembro mis más profundos besos.

Oda al tomate

La calle
se llenó de tomates,
mediodía,
verano,
la luz
se parte
en dos
mitades
de tomate,
corre
por las calles
el jugo.

En diciembre
se desata
el tomate,
invade
las cocinas,
entra por los almuerzos,
se sienta
reposado
en los aparadores,
entre los vasos,
las mantequilleras,
los saleros azules.
Tiene
luz propia,
majestad benigna.

Debemos, por desgracia,
asesinarlo:
se hunde
el cuchillo
en su pulpa viviente,
es una roja
víscera,
un sol
fresco,
profundo,
inagotable,
llena las ensaladas
de Chile,
se casa alegremente
con la clara cebolla,
y para celebrarlo
se deja
caer
aceite,
hijo
esencial del olivo,

sobre sus hemisferios entreabiertos,
agrega
la pimienta
su fragancia,
la sal su magnetismo:
son las bodas
del día,
el perejil
levanta
banderines,
las papas
hierven vigorosamente,
el asado
golpea
con su aroma
en la puerta,
es hora!
vamos!
y sobre
la mesa, en la cintura
del verano,
el tomate,
astro de la tierra,
estrella
repetida
y fecunda,
nos muestra
sus circunvoluciones,
sus canales,
la insigne plenitud
y la abundancia
sin hueso,
sin coraza,
sin escamas ni espinas,
nos entrega
el regalo
de su color fogoso
y la totalidad de su frescura.

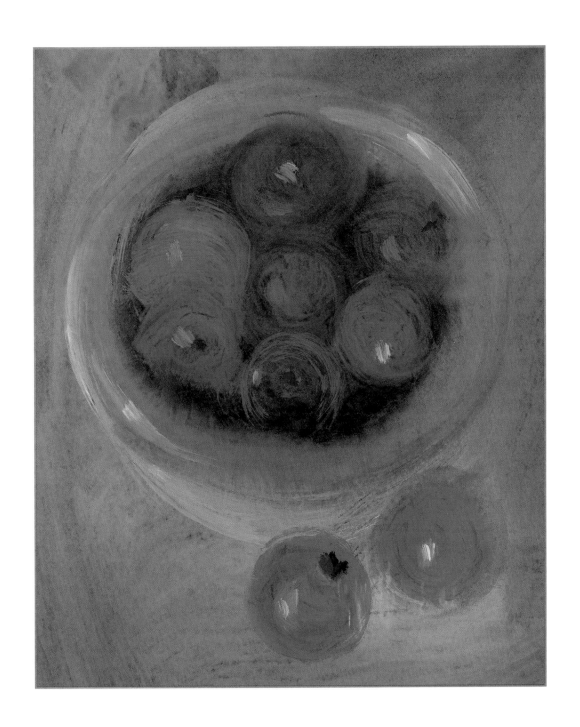

Las Cosas

Oda a la cuchara

Cuchara,
cuenca
de
la más antigua
mano del hombre,
aún
se ve en tu forma
de metal o madera
el molde
de la palma
primitiva,

en donde
el agua
trasladó
frescura
y la sangre
salvaje
palpitación
de fuego y cacería.

Cuchara
pequeñita,
en la
mano
del niño
levantas
a su boca
el más
antiguo
beso
de la tierra,
la herencia silenciosa
de las primeras aguas que cantaron
en labios que después
cubrió la arena.

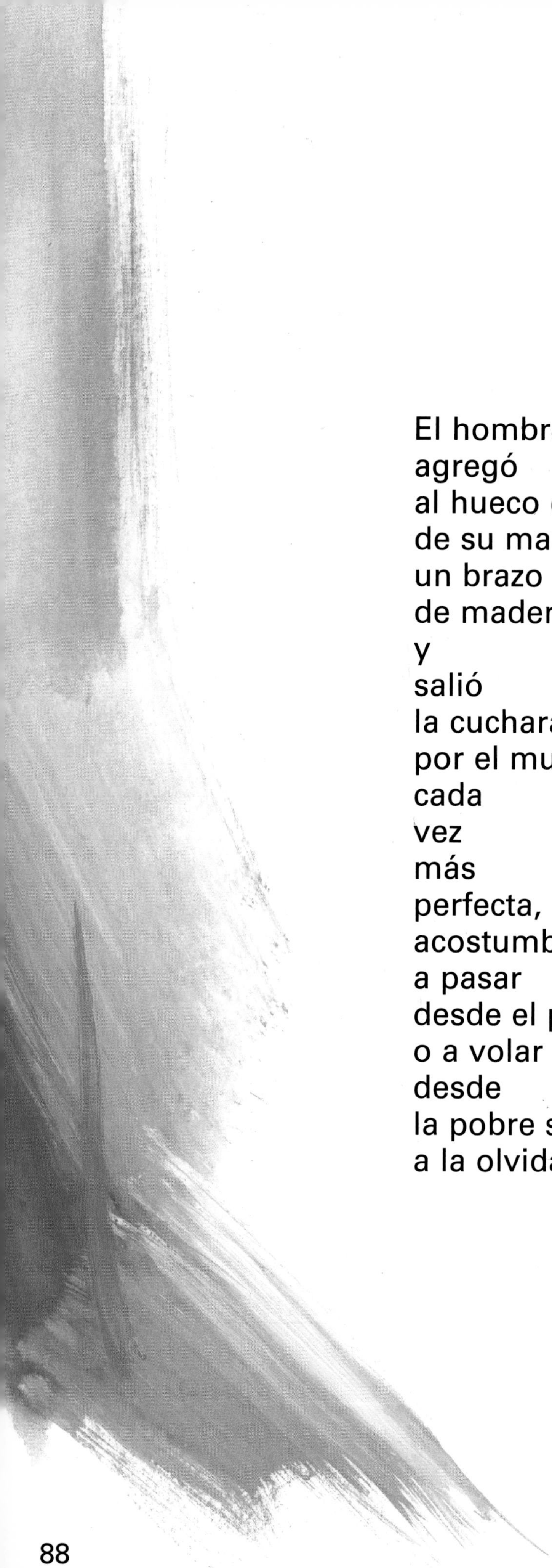

El hombre
agregó
al hueco desprendido
de su mano
un brazo imaginario
de madera
y
salió
la cuchara
por el mundo
cada
vez
más
perfecta,
acostumbrada
a pasar
desde el plato a unos labios clavelinos
o a volar
desde
la pobre sopa
a la olvidada boca del hambriento.

89

Sí, cuchara,
trepaste
con el hombre
las montañas,
descendiste los ríos,
llenaste
embarcaciones y ciudades,
castillos y cocinas,
pero el difícil camino
de tu vida
es juntarte
con el plato del pobre
y con su boca.

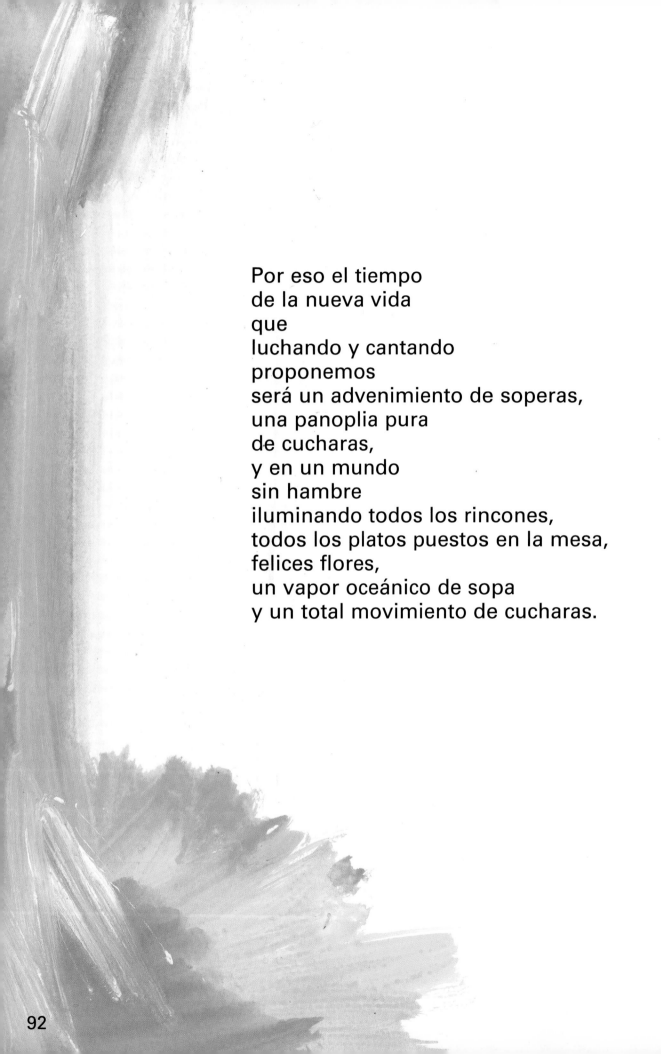

Por eso el tiempo
de la nueva vida
que
luchando y cantando
proponemos
será un advenimiento de soperas,
una panoplia pura
de cucharas,
y en un mundo
sin hambre
iluminando todos los rincones,
todos los platos puestos en la mesa,
felices flores,
un vapor oceánico de sopa
y un total movimiento de cucharas.

Oda a las tijeras

Prodigiosas
tijeras
(parecidas
a pájaros,
a peces),
bruñidas sois como
las armaduras
de la caballería.

De los cuchillos largos
y alevosos,
casados y cruzados
para siempre,
de dos
pequeños ríos
amarrados,
resultó una cortante criatura,
un pez que nada en tempestuosos lienzos,
un pájaro que vuela
en
las peluquerías.

Tijeras
olorosas
a
mano
de la tía
costurera,
cuando con su metálico
ojo blanco
miraron
nuestra
arrinconada
infancia
contando
a los vecinos
nuestros robos de besos y ciruelas.

Allí
en la casa
y dentro de su nido
las tijeras cruzaron
nuestras vidas
y luego
cuánta
tela
cortaron y cortaron
para novias y muertos,
para recién nacidos y hospitales
cortaron,
y cortaron,
y el pelo
campesino
duro
como planta en la piedra,
y las banderas
que luego
fuego y sangre
mancharon y horadaron,
y el tallo
de las viñas en invierno,
el hilo
de la
voz
en el teléfono.

Unas tijeras olvidadas
cortaron en tu ombligo
el hilo
de la madre
y te entregaron para siempre
tu separada parte de existencia:
otras, no necesariamente
oscuras,
cortarán algún día
tu traje de difunto.

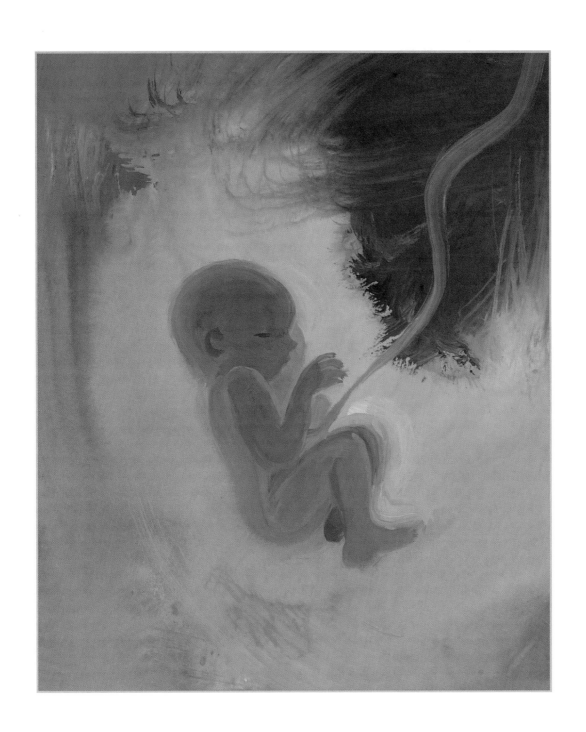

Las tijeras
fueron
a todas partes:
exploraron
el mundo
cortando
por igual
alegría
y tristeza:
todo fue paño
para las tijeras:
titánicas
tijeras
de sastrería,
bellas como cruceros,
minúsculas
que cortan uñas
dándoles forma de menguante luna,
delgadas, submarinas tijeras
del cirujano
que cortan el enredo
o el nudo equivocado en tu intestino.

Y aquí con las tijeras
de la razón
corto mi oda,
para que no se alargue y no se encrespe,
para que
pueda
caber en tu bolsillo
plegada y preparada
como
un par
de tijeras.

Oda al piano

Estaba triste el piano
en el concierto,
olvidado en su frac
sepulturero,
y luego abrió la boca,
su boca de ballena:
entró el pianista al piano
volando como un cuervo,

algo pasó como si cayera
una piedra
de plata
o una mano
a un estanque
escondido:
resbaló la dulzura
como la lluvia
sobre una campana,
cayó la luz al fondo
de una casa cerrada,
una esmeralda recorrió el abismo
y sonó el mar,
la noche,
las praderas,
la gota del rocío,
el altísimo trueno,
cantó la arquitectura de la rosa,
rodó el silencio al lecho de la aurora.

Así nació la música
del piano que moría,
subió la vestidura
de la náyade
del catafalco
y de su dentadura
hasta que en el olvido
cayó el piano, el pianista
y el concierto,
y todo fue sonido,
torrencial elemento,
sistema puro, claro campanario.

Entonces volvió el hombre
del árbol de la música.
Bajó volando como
cuervo perdido
o caballero loco:
cerró su boca de ballena el piano
y él anduvo hacia atrás,
hacia el silencio.

Oda a los calcetines

Me trajo Maru Mori
un par
de calcetines
que tejió con sus manos
de pastora,
dos calcetines suaves
como liebres.

En ellos
metí los pies
como en
dos
estuches
tejidos
con hebras del
crepúsculo
y pellejo de ovejas.
Violentos calcetines,
mis pies fueron
dos pescados
de lana,
dos largos tiburones
de azul ultramarino
atravesados
por una trenza de oro,
dos gigantescos mirlos,
dos cañones:
mis pies
fueron honrados
de este modo
por
estos
celestiales
calcetines.

Eran
tan hermosos
que por primera vez
mis pies me parecieron
inaceptables
como dos decrépitos
bomberos, bomberos
indignos
de aquel fuego
bordado,
de aquellos luminosos
calcetines.

Sin embargo
resistí
la tentación aguda
de guardarlos
como los colegiales
preservan
las luciérnagas,
como los eruditos
coleccionan
documentos sagrados,
resistí
el impulso furioso
de ponerlos
en una jaula
de oro
y darles cada día
alpiste
y pulpa de melón rosado.

Como descubridores
que en la selva
entregan el rarísimo
venado verde
al asador
y se lo comen
con remordimiento,
estiré
los pies
y me enfundé
los
bellos
calcetines
y
luego los zapatos.

Y es ésta
la moral de mi oda:
dos veces es belleza
la belleza
y lo que es bueno es doblemente
bueno
cuando se trata de dos calcetines
de lana
en invierno.

El Pueblo

Explico algunas cosas

Preguntaréis: Y dónde están las lilas?
Y la metafísica cubierta de amapolas?
Y la lluvia que a menudo golpeaba
sus palabras llenándolas
de agujeros y pájaros?

Os voy a contar todo lo que me pasa.

Yo vivía en un barrio
de Madrid, con campanas,
con relojes, con árboles.

Desde allí se veía
el rostro seco de Castilla
como un océano de cuero.
    Mi casa era llamada
la casa de las flores, porque por todas partes
estallaban geranios: era
una bella casa
con perros y chiquillos.
    Raúl, te acuerdas?
Te acuerdas, Rafael?
    Federico, te acuerdas
debajo de la tierra,
te acuerdas de mi casa con balcones en donde
la luz de junio ahogaba flores en tu boca?
    Hermano, hermano!

120

Todo
eran grandes voces, sal de mercaderías,
aglomeraciones de pan palpitante,
mercados de mi barrio de Argüelles con su estatua
como un tintero pálido entre las merluzas:
el aceite llegaba a las cucharas,
un profundo latido
de pies y manos llenaba las calles,
metros, litros, esencia
aguda de la vida,
        pescados hacinados,
contextura de techos con sol frío en el cual
la flecha se fatiga,
delirante marfil fino de las patatas,
tomates repetidos hasta el mar.

Y una mañana todo estaba ardiendo
y una mañana las hogueras
salían de la tierra
devorando seres,
y desde entonces fuego,
pólvora desde entonces,
y desde entonces sangre.

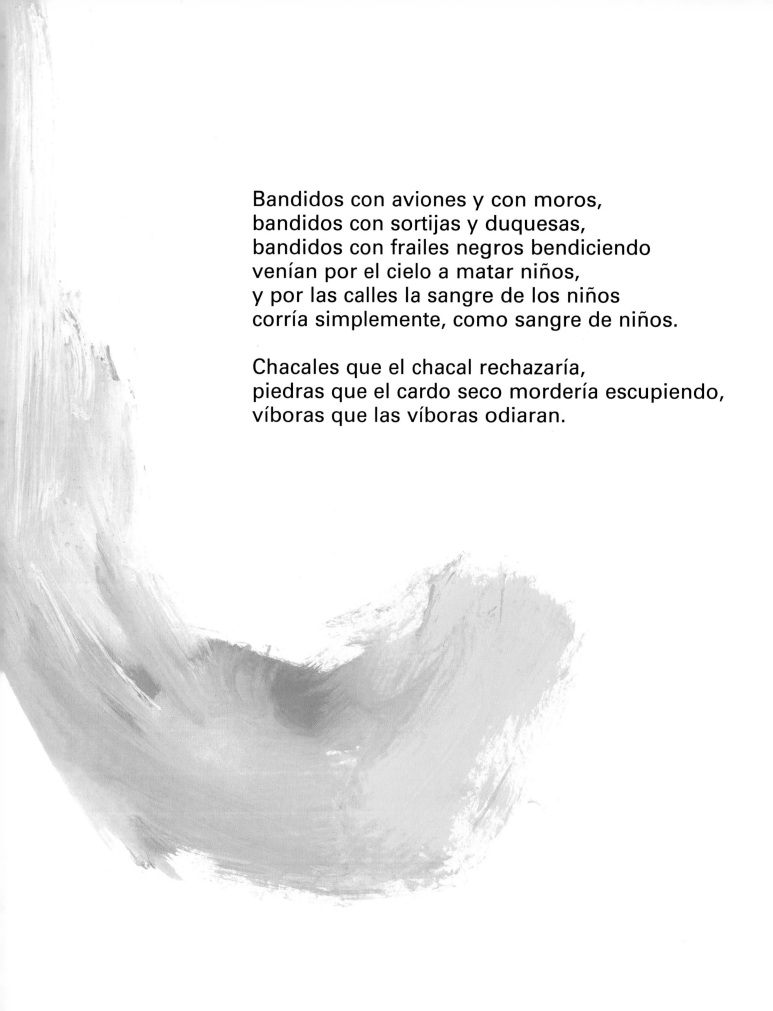

Bandidos con aviones y con moros,
bandidos con sortijas y duquesas,
bandidos con frailes negros bendiciendo
venían por el cielo a matar niños,
y por las calles la sangre de los niños
corría simplemente, como sangre de niños.

Chacales que el chacal rechazaría,
piedras que el cardo seco mordería escupiendo,
víboras que las víboras odiaran.

126

Frente a vosotros he visto la sangre
de España levantarse
para ahogaros en una sola ola
de orgullo y de cuchillos!

Generales
traidores:
mirad mi casa muerta,
mirad mi España rota:
pero de cada casa muerta sale metal ardiendo
en vez de flores,
pero de cada hueco de España
sale España,
pero de cada niño muerto sale un fusil con ojos,
pero de cada crimen nacen balas
que os hallarán un día el sitio
del corazón.

Preguntaréis por qué su poesía
no nos habla del sueño, de las hojas,
de los grandes volcanes de su país natal?

Venid a ver la sangre por las calles,
venid a ver
la sangre por las calles,
venid a ver la sangre
por las calles!

La gran alegría

La sombra que indagué ya no me pertenece.
Yo tengo la alegría duradera del mástil,
la herencia de los bosques, el viento del camino
y un día decidido bajo la luz terrestre.

No escribo para que otros libros me aprisionen
ni para encarnizados aprendices de lirio,
sino para sencillos habitantes que piden
agua y luna, elementos del orden inmutable,
escuelas, pan y vino, guitarras y herramientas.

Escribo para el pueblo, aunque no pueda
leer mi poesía con sus ojos rurales.
Vendrá el instante en que una línea, el aire
que removió mi vida, llegará a sus orejas,
y entonces el labriego levantará los ojos,
el minero sonreirá rompiendo piedras,
el palanquero se limpiará la frente,
el pescador verá mejor el brillo
de un pez que palpitando le quemará las manos,
el mecánico, limpio, recién lavado, lleno
de aroma de jabón mirará mis poemas,
y ellos dirán tal vez: ¡Fue un camarada!

Eso es bastante, ésa es la corona que quiero.

Quiero que a la salida de fábricas y minas
esté mi poesía adherida a la tierra,
al aire, a la victoria del hombre maltratado.
Quiero que un joven halle en la dureza
que construí, con lentitud y con metales,
como una caja, abriéndola, cara a cara, la vida,
y hundiendo el alma toque las ráfagas que hicieron
mi alegría, en la altura tempestuosa.

Alturas de Macchu Picchu (XII)

Sube a nacer conmigo, hermano.

Dame la mano desde la profunda
zona de tu dolor diseminado.
No volverás del fondo de las rocas.
No volverás del tiempo subterráneo.
No volverá tu voz endurecida.
No volverán tus ojos taladrados.

Mírame desde el fondo de la tierra,
labrador, tejedor, pastor callado:
domador de guanacos tutelares:
albañil del andamio desafiado:
aguador de las lágrimas andinas:
joyero de los dedos machacados:
agricultor temblando en la semilla:
alfarero en tu greda derramado:
traed a la copa de esta nueva vida
vuestros viejos dolores enterrados.
Mostradme vuestra sangre y vuestro surco,
decidme: aquí fui castigado,
porque la joya no brilló o la tierra
no entregó a tiempo la piedra o el grano:
señaladme la piedra en que caísteis
y la madera en que os crucificaron,
encendedme los viejos pedernales,
las viejas lámparas, los látigos pegados
a través de los siglos en las llagas
y las hachas de brillo ensangrentado.

141

Yo vengo a hablar por vuestra boca muerta.
A través de la tierra juntad todos
los silenciosos labios derramados
y desde el fondo habladme toda esta larga noche
como si yo estuviera con vosotros anclado,
contadme todo, cadena a cadena,
eslabón a eslabón, y paso a paso,
afilad los cuchillos que guardasteis,
ponedlos en mi pecho y en mi mano,
como un río de rayos amarillos,
como un río de tigres enterrados,
y dejadme llorar, horas, días, años,
edades ciegas, siglos estelares.

Dadme el silencio, el agua, la esperanza.
Dadme la lucha, el hierro, los volcanes.
Apegadme los cuerpos como imanes.
Acudid a mis venas y a mi boca.
Hablad por mis palabras y mi sangre.

El Poeta

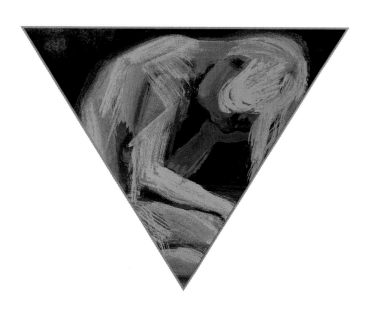

La poesía

Y fue a esa edad... Llegó la poesía
a buscarme. No sé, no sé de dónde
salió, de invierno o río.
No sé cómo ni cuándo,
no, no eran voces, no eran
palabras, ni silencio,
pero desde una calle me llamaba,
desde las ramas de la noche,
de pronto entre los otros,
entre fuegos violentos
o regresando solo,
allí estaba sin rostro
y me tocaba.

Yo no sabía qué decir, mi boca
no sabía
nombrar,
mis ojos eran ciegos,
y algo golpeaba en mi alma,
fiebre o alas perdidas,
y me fui haciendo solo,
descifrando
aquella quemadura,
y escribí la primera línea vaga,
vaga, sin cuerpo, pura
tontería,
pura sabiduría
del que no sabe nada,
y vi de pronto
el cielo
desgranado
y abierto,
planetas,
plantaciones palpitantes,
la sombra perforada,
acribillada
por flechas, fuego y flores,
la noche arrolladora, el universo.

151

Y yo, mínimo ser,
ebrio del gran vacío
constelado,
a semejanza, a imagen
del misterio,
me sentí parte pura
del abismo,
rodé con las estrellas,
mi corazón se desató en el viento.

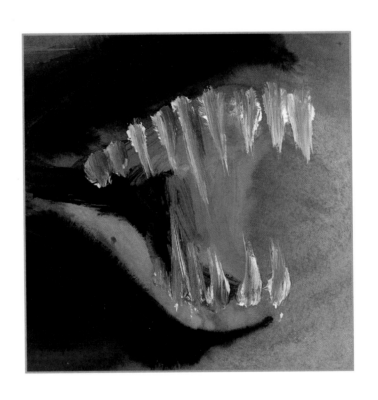

Oda a la tristeza

Tristeza, escarabajo
de siete patas rotas,
huevo de telaraña,
rata descalabrada,
esqueleto de perra:
Aquí no entras.

No pasas.
Ándate.
Vuelve
al Sur con tu paraguas,
vuelve
al Norte con tus dientes de culebra.
Aquí vive un poeta.
La tristeza no puede
entrar por estas puertas.
Por las ventanas
entra el aire en el mundo,
las rojas rosas nuevas,
las banderas bordadas
del pueblo y sus victorias.
No puedes.
Aquí no entras.

157

Sacude
tus alas de murciélago,
yo pisaré las plumas
que caen de tu manto,
yo barreré los trozos
de tu cadáver hacia
las cuatro puntas del viento,
yo te torceré el cuello,
te coseré los ojos,
cortaré tu mortaja
y enterraré tus huesos roedores
bajo la primavera de un manzano.

Que despierte el Leñador (VI)

(fragmento)

Yo aquí me despido, vuelvo
a mi casa, en mis sueños,
vuelvo a la Patagonia en donde
el viento golpea los establos
y salpica hielo el Océano.

Soy nada más que un poeta: os amo a todos,
ando errante por el mundo que amo:
en mi patria encarcelan mineros
y los soldados mandan a los jueces.
Pero yo amo hasta las raíces
de mi pequeño país frío.
Si tuviera que morir mil veces
allí quiero morir:
si tuviera que nacer mil veces
allí quiero nacer,
cerca de la araucaria salvaje,
del vendaval del viento sur,
de las campanas recién compradas.
Que nadie piense en mí.
Pensemos en toda la tierra,
golpeando con amor en la mesa.
No quiero que vuelva la sangre
a empapar el pan, los frijoles,
la música: quiero que venga
conmigo el minero, la niña,
el abogado, el marinero,
el fabricante de muñecas,
que entremos al cine y salgamos
a beber el vino más rojo.

Yo no vengo a resolver nada.

Yo vine aquí para cantar
y para que cantes conmigo.

Índices

Índice general

Índice alfabético*

* *Los títulos que aparecen en cursiva se refieren a primeros versos de poesías no tituladas por el autor.*

Índice de procedencia de las poesías*

De *Odas elementales* (1954)
Oda al mar
Oda a la tierra
Oda al tomate
Oda a la tristeza

De *Nuevas odas elementales* (1956)
Oda a los calcetines

De *Tercer libro de las odas* (1957)
Oda a la cuchara
Oda a las tijeras

De *Navegaciones y regresos* (1959)
Oda al piano

De *Cien sonetos de amor* (1959)
Tu casa suena como un tren a mediodía (XXXVIII)

De *Memorial de Isla Negra* (1964)
La poesía

De *Libro de las Preguntas* (1974)
1.4, 2.4, 3.1, 5.1, 5.4, 6.1, 7.3, 8.1, 9.3, 11.4, 12.1, 15.2, 15.3, 19.4,
20.2, 25.1, 29.1, 29.2, 32.3, 39.1, 43.1, 43.2, 46.4, 48.3, 49.2, 49.4,
58.2, 63.1, 66.1, 66.5, 68.1, 72.1, 72.2.

* *Se ha seguido la edición de Obras Completas de Pablo Neruda, Ed. Galaxia Gutenberg/Círculo de Lectores, 1.ª edición, Barcelona, 1999, preparada por Hernán Loyola.*

Otros libros de la colección

Rafael Alberti

Federico García Lorca

Antonio Machado

Miguel Hernández

Gustavo Adolfo Bécquer

Gloria Fuertes

Rubén Darío

Juan Ramón Jiménez